静安历史文化故事

繁景梦源

百川汇名街
——陕西北路的前世今生

绘图 徐亦君
编文 沈益洪
封面 奚文渊
策划 上海市静安区文化局 上海城市动漫出版传媒有限公司

上海科学技术文献出版社
Shanghai Scientific and Technological Literature Press

内容简介

一条陕西北路，半部近代史。连环画以上海极具特色的陕西北路为线索，展开其人文历史、名人故事、建筑特色，呈现海派文化的魅力。陕西北路，原名西摩路，筑成于1914年，1943年更名为祁门路，1946年改名陕西北路，并沿用至今。近代历史上，名人、学者、爱国志士等聚居在此，留下了辛亥革命后南北和谈、国共第一次合作时期上海大学迁址于此、二战期间犹太人在此避难等丰富的历史记忆，见证了中国近现代史的风云变幻。这里还有远东地区最大的犹太会堂——西摩会堂、近代外国侨民聚居区——太平花园等，成为了上海开埠后中西文化交融的代表性路段。陕西北路上多元的建筑语汇和风云际会的传奇故事，一直流传至今。

『静安历史文化故事』连环画编委会

中国历史文化名街 陕西北路

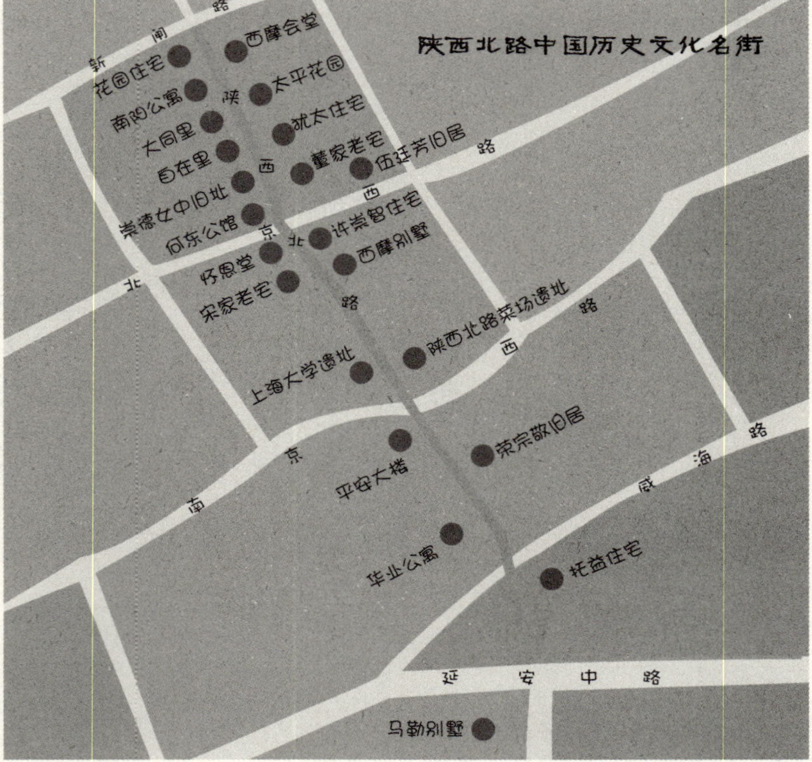

1

静安区地处上海市中心，因始建于公元247年的静安古寺而得名。位于静安区南部的陕西北路，与南京西路相交，是一条南北走向的著名道路。这里商业兴旺，交通便捷，人文景观丰富，文化气息浓郁，街道环境优美。

陕西北路，原名西摩路（Seymour Road），筑成于1914年，1943年更名为祁门路，1946年改名陕西北路，并沿用至今。一条西摩路，半部近代史。多元的建筑语汇和风云际会的传奇故事，流传至今。

北到新闸路，南至巨鹿路，陕西北路这段逾千米的距离，云集了名人旧居、万国风格建筑、革命遗迹等二十余处历史文化景观，成为上海开埠后中西文化交融的代表性路段之一。

在1843年开埠以前，上海只是江苏省松江府下属的一个海滨小县城。晚清时期，西风东渐。最早在此用建筑留下历史足迹的是英国汇丰银行的大班托益。1900年，托益住宅（位于今陕西北路80号，近威海路口）在农田边上拔地而起。

托益住宅是当时上海罕见的城堡式建筑，主体二层高，红砖英式立面，是独立式花园洋房，大面积、大尺度，气派豪华。建有中世纪城堡式的双塔，塔高三层。

6

托益住宅后被祥茂洋行买办陈炳谦购得，20世纪90年代因土地批租而被拆除。但它后面的另一幢别墅幸运地被保留下来，现为上海第二工业大学教研楼。

民国初年，善于经商的犹太人捷足先登，商业巨头云集于此。犹太住宅（今陕西北路430号）于1913年建成，为沿街的独立西式花园别墅。很快，这一带成为犹太人聚居地。

1914年，租界向西发展，公共租界越界筑路，在原有两条小路的基础上，西摩路宣告筑成。随后，西摩路上精致的建筑也渐渐多了起来。

1917年起，有4000多名犹太人逃亡到上海，西摩路上聚集了很多犹太人。

西摩会堂（今陕西北路500号）由沙逊洋行于1917年出资开工建造，1920年建成，原名叫亚海尔辣希而教堂，是远东地区最大的犹太会堂。

这座希腊神殿式、呈长方形的砖石木结构建筑，是典型的新古典主义风格。

犹太商人沙逊在上海通过房地产、高利贷发家。他建造西摩会堂，一方面是为了纪念亡妻，另一方面是作为宗教学校和集会场所。于是，这里成为犹太人举行集会和宗教活动之地，内设汉白玉祭坛，保存着完好的“约柜”。

德国前总理施罗德，以色列前总统赫尔佐格和魏茨曼、前总理拉宾和现任总理内塔尼亚胡都曾来此参观，美国前国务卿希拉里和奥尔布赖特也来过这里，追忆犹太民族在这里的往昔岁月。

2001年10月，西摩会堂被世界纪念性建筑基金会（World Monuments Fund,缩写WMF）列入2002年世界纪念性建筑遗产保护名录。西摩会堂是唯一入围该名录的中国近代建筑，与代表中国古代最高建筑成就的万里长城等一起荣列其中。

西摩路上中式社区大量出现，一些大家族纷纷迁入，欧洲的拉丁文化、犹太文化与中国文化在此融合。

建于1918年的荣氏住宅（荣宗敬旧居，今陕西北路186号），是西摩路上著名的民族资本家宅邸。

荣宗敬（1873—1938），江苏省无锡荣巷人，荣德生之兄，荣毅仁之伯，中国近代著名的民族资本家。他早年经营过钱庄，1901年起与荣德生等人先后在无锡、上海、汉口、济南等地创办面粉厂和纺织厂，被誉为中国的“面粉大王”和“棉纱大王”。

这栋豪宅建于1918年，钢筋混凝土结构，折衷主义风格，装饰精美，内部装修处处雕花。

1937年全国抗日战争爆发，荣宗敬避居香港，次年病逝。临终前，他仍以“实业救国”告诫子侄后辈。去世后一个月，荣宗敬先生的灵柩被运回上海下葬。

西摩别墅，原来在陕西北路332弄内，因市政扩路，原332弄扩建成了奉贤路的延伸段，西摩别墅也就成了临街建筑。西摩别墅最早的住户多为中产者。我国现代健美运动创始人赵竹光（1909—1991）曾居住于此。

西摩别墅是民国时期建筑，新式里弄住宅，因陕西北路旧名西摩路，故名西摩别墅，砖混结构三层，毗连式，部分外挑阳台，木门钢窗，红砖清水外墙，白色水泥壁栏。

大同里（今陕西北路535弄）、自在里（今陕西北路493弄），寓意以悠闲不拘的生活为依归，表达了对生活的良好祝愿，1911年前后建成。

大同里、自在里为石库门天井式三合院建筑，木结构坡屋面，山墙有西式特征。建筑设计融入了现代西式生活理念，可集中供暖的大卫生间里铸铁浴缸和抽水马桶一应俱全，还铺设了煤气管道，具有现代生活气息。

居住在这里的，既有当时著名的实业家，也有高级职员、律师、银行业从业人员等中产人士，生活方式比较西化，爱好西餐、冰淇淋，孩子们喜欢西式铁皮玩具、汽车模型等。

渐渐地，一些大家族也被吸引过来，其中最有名的是“中国第一家族”宋氏家族。1918年宋耀如先生逝世后，夫人倪桂珍带领子女，迁入“宋家老宅”（今陕西北路369号）这幢建于1908年的英国式花园别墅。

宋美龄在宋家老宅居住了将近十年，并在此期间遇见蒋介石，最终蒋宋联姻。1927年12月1日上午，蒋介石与宋美龄的宗教婚礼在西摩路宋宅中举行，下午又在离宋宅不远的大华饭店举办世俗婚礼。

当时的社会名流和几个大家族都与这座住宅有密切联系，由此带来了将近半个世纪的传奇。

1949年3月，这里住进一百多名躲避战乱的儿童。之后，宋庆龄在这里创办了中国福利会托儿所，邓颖超、许广平、胡子婴、廖梦醒等应邀参加托儿所的开幕典礼。这里至今完好保留着宋美龄使用过的象牙键钢琴。

1924年，上海大学从闸北青云路迁至西摩路29号，当时有“文有上大，武有黄埔”的美称。上海大学传播中国共产党的早期理论思想，在教学过程中逐步形成红色基因。

当时正值第一次国共合作时期，国民党元老于右任（1879—1964）担任上海大学校长，瞿秋白、邓中夏、陈望道等都曾经在此任教。位于陕西北路299弄4-12号的上海大学旧址，目前是恒隆广场的草坪。

建于1924年的花园住宅（今陕西北路549号），是新古典主义与装饰艺术派相结合的建筑风格，框架结构，楼层前二后三，水刷石墙面，立面线条对称，装饰立柱，齿饰线角。这里原是居民住宅，后为机关办公场所。

1925年至1935年，随着经济的平稳发展，西摩路上精致的建筑明显多了起来。

1925年建成的平安大楼（今陕西北路203号），钢筋混凝土结构，是中国人设计的西班牙风格的住宅。后来，西班牙总领馆就设在此地，周边公寓建筑成为西班牙人的文化聚集地。

1939年，美商雷电华影片公司的葛安农、勃力登两人投资，将平安大楼底层安凯第商场改建为别具风格的平安大戏院，设座位504个。于是，看电影成为时尚，好莱坞新片一旦在美国上映，最快次日就能在这里看到。

位于今陕西南路30号的马勒别墅，源于一则上海人耳熟能详的故事：一个犹太女孩做了一个梦，梦见自己是生活在安徒生童话城堡里的公主，城堡像一艘船开往英国。醒来之后，她把这个梦告诉了她爸爸马勒。

马勒决定满足女儿的愿望，建造一幢梦幻城堡。他历时7年，于1936年建成。

这座北欧斯堪的纳维亚风格的童话城堡，有大大小小106个房间，混合了多种艺术风格，也包含了石狮子等中国元素，内部装饰酷似海洋邮轮。

马勒和女儿都喜欢赛马，马匹死后安葬于此，院内有马匹铜像。马勒一家在此住了五年后，日本人占领了公共租界，他们被赶往犹太人隔离区，之后离开上海。

这个爱与梦幻的城堡，1989年被列入上海市优秀历史建筑，吸引了众多游人前来参观。2006年经国务院批准，马勒别墅被列为全国重点文化保护单位。

陕西北路380号，是一栋砖混结构的折衷主义风格的建筑——许崇智住宅。

国民党元老、粤军总司令许崇智（1886—1965），1925年被蒋介石篡夺兵权后离粤赴沪，曾携家眷居住于这栋建筑里。1939年，许崇智迁居香港，1965年1月病逝于香港。

1928年，何东公馆建成。这座英式风格与中国风格相结合的新古典主义建筑，位于今陕西北路457号，由著名匈牙利建筑师邬达克设计。

何东爵士（1862—1956）是著名实业家、慈善家、香港太平绅士。他生于香港，父亲是英国人，母亲是中国人。他曾任广州怡和洋行副经理，后回香港独立经商，成为香港首富。孙中山、康有为和蒋介石都是他的朋友。

何东做房地产发家，现在北外滩的大名路、塘沽路、南浔路、峨嵋路一带的房地产，当年几乎全部是何东的产业。何氏家族更是一代名门，现澳门赌王何鸿燊就是何东爵士的侄孙。

1959年，何东公馆成了中华书局辞海编辑所办公地，许多文化精英如苏步青、谈家桢、丰子恺、周信芳等都曾在此办公。1978年，这个编辑所改组为上海辞书出版社。

二十世纪二三十年代，上海经济发展迅速，西摩路附近商业网点渐多，生活物资丰富。建于1928年的西摩路菜场，就是一个代表。当时，它是上海规模最大、品种最完善、品牌最知名的菜场之一。

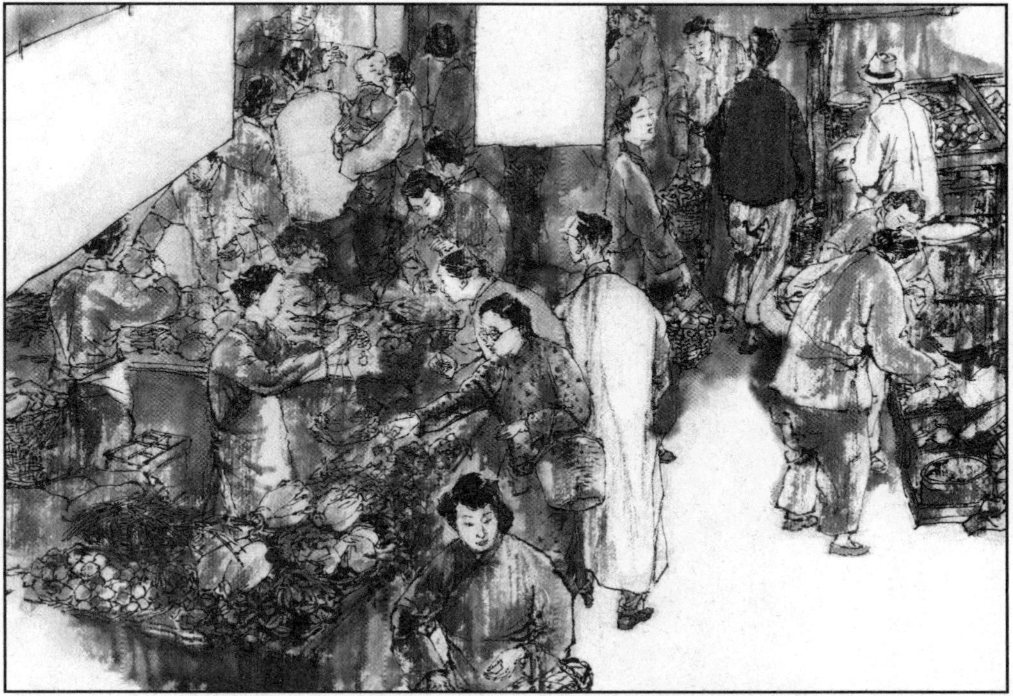

西摩路菜场楼高四层，从大饼店、水果店、鲜花店，到刀具店、五金店、廉价理发店，乃至卖丝线缝衣针的杂货店，一应俱全。底层最大众化，楼层越高，质量越好，价格越贵，有进口的调料、西餐用的牛肉、火腿、培根等。外国侨民与中国居民和谐相处，各取所需。

每天拂晓时分，菜场一至四楼灯火通明，新鲜的肉类、水产、蔬菜已源源不断地运入。相邻的各种点心店和广东特色店铺也开始营业。1993年，菜场为配合市政建设而拆除，在其原址上建造了中信泰富广场。

陕西北路见证了上海人精致的生活方式和普通里弄生活的风貌，虽身处闹市，却坚守简单纯朴的本真之道。同时，它也见证了一大批老品牌、老字号的兴起，包括美心点心店、上海咖啡馆、泰昌食品店、友联生煎、第一西比利亚皮草等。

今陕西北路525弄的南阳公寓，原名南洋公寓，建于1933年，是著名华侨实业家、粤籍旅日经商的简照南（1870—1923）、简玉阶（1875—1957）兄弟所创设的南洋兄弟烟草公司的产业，由陆根记营造厂承建。

简氏兄弟除从事卷烟生产经营外，也兼营房地产，南洋公寓就是他们从公司提取部分盈利购地建造的。公寓为砖混结构四层。

建于1934年的华业公寓（今陕西北路173号），位于陕西北路西侧与南京西路交会处，是一个大型住宅社区。当时，世界城市流行建造高层公寓。社区有十层公寓1幢、四层公寓2幢，三合院型布局，坐西朝东，拱廊连接。

华业公寓是上海营造巨商谭干臣投资兴建的，由建筑师李锦沛设计，潘荣记营造厂承建，是中国人完全自主建造的优秀建筑，采用西班牙式建筑风格，属于折衷主义向现代主义建筑过渡时期的典型作品。

华业公寓的建筑中，最靓丽的是被称作“文艺楼”和“静安文脉”的华业大楼，楼高十层，在此居住生活过的文艺界知名人士包括李健吾、金山、张瑞芳、王丹凤、俞振飞等。

1935—1945年这十年间，抗战烽火燃遍全国，西摩路也见证了这段历史。

1937年淞沪抗战爆发，教会学校崇德女中在虹口地区的原校舍被野蛮的日军炮火炸毁，后辗转多处，于1940年迁入大同里30号。

崇德女中的学生基本是广东子弟，教学采用广东话，即便是美国老师也会讲广东话。崇德女中的老师，本着教育救国的理念，培养了一大批杰出人才，如后来成为电影明星的阮玲玉（住在附近的沁园村）和后来成为香港立法会议员的贝聿嘉（著名建筑设计师贝聿铭之妹）。

崇德女中重视体育、音乐、戏剧等课余活动，校歌“鼓舞欢欣，歌颂崇德，响遏行云”反映了积极乐观的精神。学校还时常邀请当时的著名进步人士来作演讲，其中有郭沫若、田汉、许广平等名人。如今，这里是七一中学。

董家老宅（今陕西北路414号），是一栋有着醒目红砖外墙，四层楼面欧式风格的建筑。1940年，董浩云在上海筹资组建了自己的第一家船务公司——中国航运信托公司，并购置此房，当时公司的许多高级职员和董家亲属都居住在这里。

董浩云（1912—1982），生于浙江定海舟山岛。20岁时父亲去世，他便肩负起了养活一家六口的重担。22岁时，董浩云独自来到上海，从社会的底层一步步创业发展起来。

董氏集团企业创业，依靠的是与员工的通力合作。经过艰苦创业，到了20世纪70年代，董浩云成了国际航运界声名赫赫的人物，跻身于世界七大船王之列，一度成为仅次于希腊船王的世界第二大船王。

董浩云是20世纪中国现代远洋航海事业的先驱，其创办的事业后由两个儿子董建华（香港特区首任特首）、董建成兄弟继承发扬。

代表基督教文化的怀恩堂，意为心怀主赐予的恩惠，创始人为美国传教士万应远。

怀恩堂创始于1912年，曾多次变迁，历尽沧桑，最终于1940年在今陕西北路375号动工建堂，坐落在宋氏老宅旁边。1942年新堂落成，又于1943年8月开始建二楼，于1944年春完成。

自迁入新堂以后，礼拜人数更加增多，会务发达，吸引很多外国人在此附近居住。

这座可容纳千余人聚会的教堂，是上海各基督教会中可容纳人数最多的教堂之一。大堂由一幢中三层旁二层的楼房组成，教堂东南角有一高耸的钟楼，另设小教堂。大堂的礼拜实况，目前可用闭路电视传播到各小堂。

建于民国初年的太平花园（今陕西北路470弄）是欧罗巴风格的西式联体住宅。

这里过去的主人，是同为中国近现代史上杰出外交家、法学家的伍廷芳（1842—1922）、伍朝枢（1887—1934）父子。

1911年武昌起义爆发后，伍廷芳任南方军民全权代表，与袁世凯派出的北方代表唐绍仪在上海多次举行“南北和谈”，其中早期的几次谈判就是在伍廷芳的“观渡庐”进行的。

伍廷芳去世后，伍朝枢又在弄内和沿街马路增建了几幢相同式样的房屋，形成太平花园建筑群。太平花园为公寓式大楼格局，其底楼门洞为双抱式连体拱门，阳台为铸铁拉花外挑样式，具有浓郁的欧式风情。

太平花园的居民以南美侨民居多，大都是中产之家，如医生、工程师、洋行经理等。

“二战”期间，犹太人遭受迫害。1938—1945年，约三万犹太人逃亡到上海，此处成为战火中庇护犹太人的诺亚方舟。

1941年太平洋战争爆发后，日军进入租界，犹太人有的被关进隔离区，有的逃到香港等地。

1948年，弄内草地上又建起几幢房屋。太平花园的总体建筑风格体现了巴洛克式特征，室内水曲柳拼花地板，柚木楼梯扶手，每单元均有独立卫生设备。

今陕西北路119弄26号的石库门住宅，曾经是“云起楼”。

抗战时期，在爱国实业家严惠宇的资助下，国画家“云起楼三客”刘伯年、潘君诺、尤无曲，收购保护了一大批古典字画和图书作品，加上云起楼创办人严惠宇的私人秘书李家本，合称“云起楼四友”。

百年以来，在陕西北路附近活动的著名人物还有很多，如建造哈同花园（后毁于日军炮火，原址现为上海展览馆）的哈同、美国“飞虎队”队长陈纳德与夫人陈香梅等，纷纷在此留下了历史珍闻。

如今，陕西北路附近的商圈非常发达。沿陕西北路区域，有高档影剧场所，有时尚购物商圈，有商务区，有宾馆酒店……城区功能和品位得到进一步提升，人流、物流、资金流和信息流高度密集，交相呼应，形成了一条亮丽的静安文化风景线。

2007年，陕西北路被列为上海“永不拓宽的道路”，受到原汁原味的保护。2013年，陕西北路（新闻路至巨鹿路段）经静安区文化局申报，被文化部、国家文物局批准公布为中国历史文化名街。

陕西北路600号，设有供市民和各地游客免费参观的“陕西北路中国历史文化名街展示咨询中心”，既展现陕西北路的昨天和今天，也预示着陕西北路美好的未来。

本书入选上海市重大文艺创作项目

图书在版编目（CIP）数据

百川汇名街：陕西北路的前世今生 / 沈益洪著；徐亦君绘画．—上海：上海科学技术文献出版社，2017
ISBN 978-7-5439-7382-4
Ⅰ.①百… Ⅱ.①沈… ②徐… Ⅲ.①城市道路—史料—上海 Ⅳ.①K925.1

中国版本图书馆 CIP 数据核字（2017）第081210号

上海市重大文艺创作项目由上海文化发展基金会资助

百川汇名街——陕西北路的前世今生

绘　　图　徐亦君
编　　文　沈益洪
封　　面　奚文渊
丛书题字　贺友直
书名题字　杨继光

策　　划　上海市静安区文化局　上海城市动漫出版传媒有限公司
监　　制　上海海派连环画中心　上海市动漫行业协会连环画专委会
　　　　　上海市南翔“三画”创作展示基地
主　　编　陈　宏
副 主 编　张　众　马幼炯　杨继光　钱　玮
责任编辑　王倍倍
特约编辑　刘蓉蓉　钱　晶　叶安云
路线图绘制　张婷婷

出版发行　上海科学技术文献出版社
经　　销　上海城市动漫出版传媒有限公司
（地址：祖冲之路1559号张江创意大厦7楼 电话：021-50123797）
印刷装订　上海商务联西印刷有限公司
版　　次　2017年7月第1版　印　　次　2017年12月第2次印刷
开　　本　787 × 1092 1/32　字　　数　50千字　印　　张　2.75
书　　号　ISBN 978-7-5439-7382-4
定　　价　28.00元